NOTICE

CLARISSE JURANVILLE

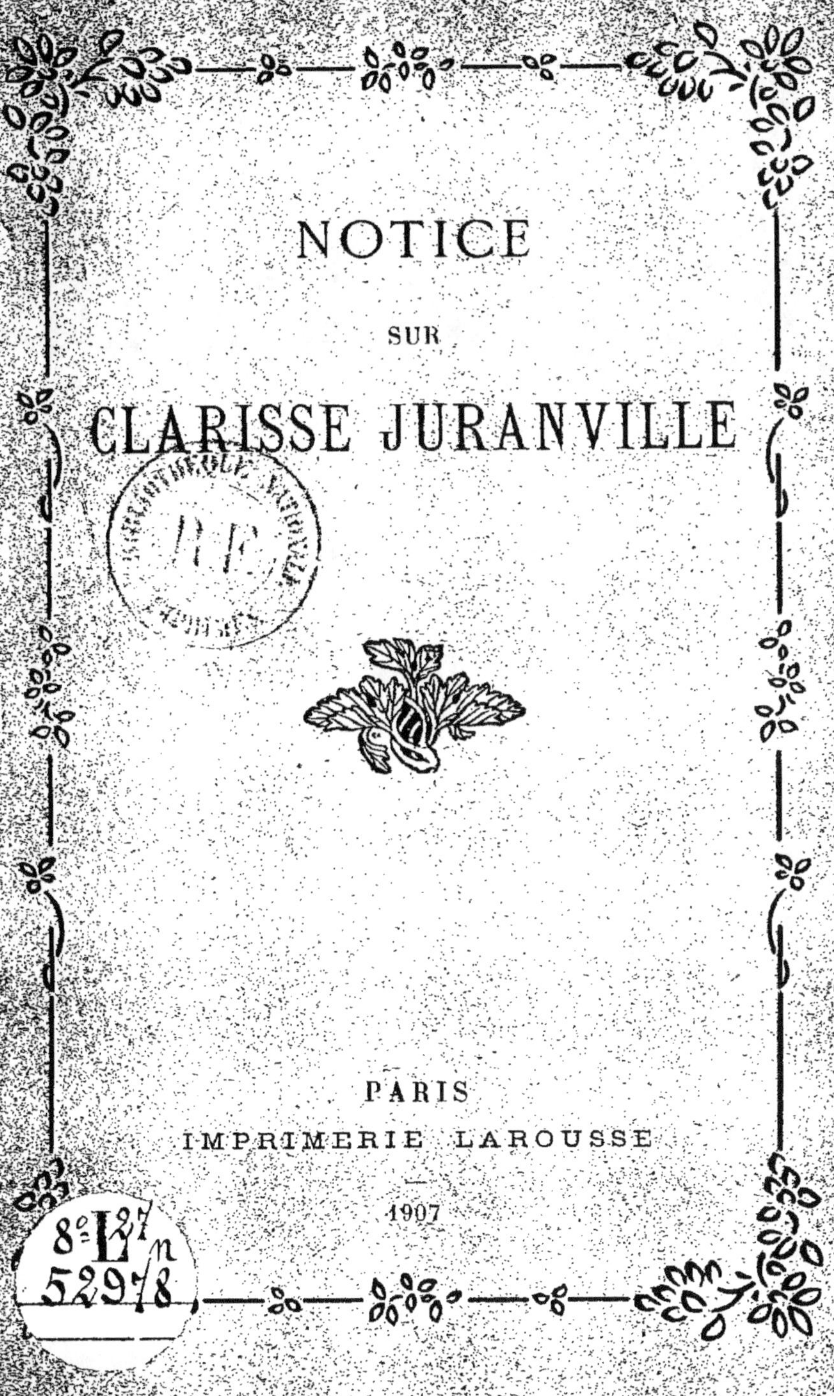

PARIS

IMPRIMERIE LAROUSSE

1907

NOTICE

SUR

CLARISSE JURANVILLE

Quelle douce immortalité
que celle qui commence
ici-bas dans le cœur de
ceux qui nous regrettent !

CLARISSE JURANVILLE (1826-1906)

NOTICE

SUR

CLARISSE JURANVILLE

PARIS

IMPRIMERIE LAROUSSE

—

1907

CLARISSE JURANVILLE

I. — Enfance

L E 17 novembre 1826 naissait, à Mardié (Loiret), Clarisse Juranville, fille de Nicolas Juranville et de Thérèse Leclère, tous deux cultivateurs, faisant valoir leur bien, et jouissant d'une honnête aisance.

L'enfant, saine et robuste, avait déjà une sœur et un frère. Un dernier-né devait survenir à ses parents. Elle grandit au sein d'une famille très unie et fort honorablement connue.

Le père, de caractère spirituel et enjoué, n'avait autour de lui que des sympathies. La mère, maîtresse femme d'intérieur, se recommandait par de grandes qualités de jugement. L'enfant hérita de ce que chacun avait de meilleur : toute jeune, elle montra un naturel aimable et un esprit juste.

Aimante, elle ne pouvait s'endormir les jours de marché tant que son père n'avait pas, le soir venu, réintégré le logis.

D'humeur agréable, elle n'encourait jamais de réprimande et méritait ce surnom de *Mignonne* que chacun dans la maison lui donnait par amitié.

Sérieuse dans ses goûts, elle préférait le travail au jeu et n'admettait que ce qui est vrai, au point qu'un de ses oncles lui ayant fait cadeau des *Fables de La Fontaine,* qu'elle parcourut aussitôt, elle jeta le livre, disant avec dépit : « Mon oncle me prend pour une sotte de me donner un livre où les animaux parlent, je sais bien que les bêtes ne parlent pas..... »

Naïve et sincère, elle eut un gros émoi à sa première confession enfantine, et qu'elle l'a raconté joliment depuis ! La voilà devant le bon vieux prêtre qui l'avait baptisée et qui connaissait bien sa famille :

(*Confuse*). — Mon Père, j'ai volé.....

— Ah ! quoi donc, ma pauvre fille ? dit le curé surpris.

(*Avec désespoir*). — J'ai volé des violettes au bord du chemin.....

(*Le curé indulgent*). — Allons, ma petite fille, ne te tourmente pas.

(*Avec explosion*). — Mais. monsieur le Curé, c'était à vous !!!

— Eh bien, ma petite fille, il ne faut pas recommencer. Calme-toi. Je te les donne.

Au moment de la première communion, autre inquiétude. Avec une jeune cousine, elles se souviennent tout à coup d'avoir pris une grappe, peut-être deux, au cep du voisin. Pour avoir la conscience tranquille, il faut réparer le dommage.... Comment faire ? Elles cherchent à se rappeler quel pied de vigne a subi le larcin et, toutes tremblantes, vont à ce pied enfouir chacune un sou dans la terre.... Puis, allégées, elles sont tout à la préparation du grand Acte qu'elles vont accomplir avec ferveur, car, dès cette époque, Clarisse avait la piété profonde qu'elle devait garder toute sa vie. Elle suivait la classe unique et mixte de l'école communale, faite par un brave instituteur, M. Hébert, et, première de la classe, elle était monitrice. Un jour, il advint qu'en l'absence du maître, une compagne montra un bel album où se trouvait conté *l'Oiseau bleu* :

> Oiseau bleu, couleur du temps,
> Vole à moi promptement.

Comment la petite Clarisse, si éprise de travail, se laissat-elle charmer à regarder les belles images avec ses compagnes autour d'elle? Mystère. M. Hébert rentre, surprend le groupe animé, gronde, dit à Clarisse qu'elle n'est plus monitrice. L'épouvante de se sentir en faute fut telle que l'enfant se trouva mal.

On voit quelle haute idée elle se faisait déjà du Devoir !

Elle était grandelette quand on la mit en pension à Orléans dans une rue au nom bien pittoresque : rue de l'Arche-de-Noé. Là, les jeunes citadines, avec une pointe de dédain pour la *nouvelle,* — une campagnarde ! — lui demandent d'un ton de protection :

— Que fait votre père?

Clarisse sent la moquerie et répond :

— Mon père? il se promène dans ses bois.

Dans ses bois ! quelle invention ! Avec scandale, le propos est rapporté à la directrice qui appelle sa nouvelle élève et lui dit :

— Mon enfant, vous savez bien que votre père est vigneron. Pourquoi dites-vous qu'il est dans ses bois?

Et Clarisse de riposter :

— Il est dans ses sabots, et ses sabots sont en bois : il se promène bien dans ses bois.....

Là s'accusait cette nuance d'esprit guêpin prompt à la riposte, finement acéré, qui est la caractéristique de l'esprit orléanais, et où Clarisse devait exceller.

Après avoir fait de très bonnes études, elle était rentrée dans sa famille quand eut lieu la rencontre qui devait décider de sa vie. C'était en 1844. Elle avait donc dix-huit ans.

Pendant une visite faite à une parente habitant Donnery, elle vit Mlle Onésime Vieugué, de dix ans plus âgée qu'elle. A première vue, une vive sympathie naquit entre elles, et pourtant Mlle Vieugué était aussi placide, aussi calme, que Clarisse était sémillante et pleine d'entrain ; mais les extrêmes se touchent.....

Au cours de la causerie, Mlle Vieugué dit son projet arrêté de faire du bien en se consacrant à l'éducation et à l'instruction des enfants pauvres. Une famille noble du Loiret, la famille de Chasseval, habitant le château de La Bussière, près Gien, avait eu la douleur de perdre une fille charmante, Mme de Champgrand, dont Mlle Onésime avait été la compagne d'études. En souvenir de la morte, le comte de Chasseval voulait fonder une école gratuite. Pour pouvoir diriger cette école, Mlle Onésime avait passé exprès le brevet d'institutrice.

— Je le passerai aussi, répliqua Clarisse, et je vous aiderai.

De décision nette, elle obtient de retourner à la pension parfaire sa préparation au brevet. Elle se présente, passe l'écrit avec succès. Au cours de l'examen oral, tout va bien. Elle n'avait plus à répondre qu'en arithmétique quand une question qui lui est posée l'embarrasse. L'examinateur attend..... Silence..... Une pause cruelle. Il finit par dire :

— Allez à votre place, Mademoiselle.

Une autre se fût démontée, eût pleuré peut-être..... Elle, se lève, fait quelques pas, songeuse, cherchant, puis revient et, primesautière :

— C'est trop fort que je ne sache pas !

Alors elle répète la question, suit son idée, et tout à coup la lumière se faisant :

— Voici ce que vous m'avez demandé.

Et sa réponse est si précise, si exacte, qu'elle est reçue avec éloges.

On voit quelle énergie elle opposait aux obstacles.

II. — Institutrice

L'ANNÉE d'après, en 1845, elle accompagnait Mlle Vieugué à La Bussière et entrait dans la carrière de l'enseignement avec un zèle plein d'ardeur.

Le modeste établissement, nommé le Couvent, comprenait un rez-de-chaussée et un étage. Au rez-de-chaussée étaient la classe, l'asile, la pharmacie, etc. Au premier, les chambres.

Pour faire plus de bien dans la commune, M. de Chasseval avait annexé à l'école un asile pour les tout petits, une pharmacie gratuite pour les pauvres. Nos deux amies surent toujours vivre en bonne intelligence avec les religieuses chargées de ces services.

La cour placée devant le couvent servait de récréation à l'asile. Un petit bois y attenant recevait les fillettes de l'école et leurs maîtresses. D'ailleurs la propriété, placée à l'une des extrémités du parc du château, était admirablement située.

Il n'y avait qu'une classe, faite par Clarisse. Mlle Vieugué vaquait aux soins du ménage, de la cuisine et enseignait la couture. C'était un esprit très délicat, très poétique, très fin que celui de Mlle Vieugué, elle était lettrée même, mais elle n'aimait pas faire la classe, et rien ne la rendait malheureuse comme lorsqu'une indisposition de son amie l'obligeait à la remplacer.

La salle était exiguë pour le nombre des élèves, par suite fatigante, et Clarisse mettait un tel feu dans son enseignement, qu'une fois la classe terminée elle était à bout de forces.

Il fallait la voir au milieu de son petit monde, qu'elle savait si bien rendre attentif et intéresser ! Toutes ses leçons étaient animées, vivantes. Elle trouvait des procédés ingénieux pour obtenir de prompts résultats. C'est ainsi qu'en morale, elle formulait des objections auxquelles elle répondait par une raison brève, concluante, qui entrait une fois pour toutes dans l'esprit et n'en sortait pas. On peut à juste titre dire qu'elle faisait *empreinte*, et formait le cœur avec un soin jaloux.

Elle instruisait de même. La première en date dans l'enseignement, elle inventait sa *Méthode de calcul oral* (nous dirions aujourd'hui calcul mental) — qui a été tant plagiée depuis — et faisait de ses élèves des calculatrices sûres, hors ligne (1857).

Elle composait un livre de *Lectures intermédiaires* (1858) convenant aux diverses forces des élèves.

Ennemie de la routine, elle vivifiait tous les points qu'elle effleurait. Par une observation attentive. elle était parvenue à discerner dans chacune de ses élèves quel défaut d'attitude ou de mouvement rendait l'écriture défectueuse ; elle corrigeait, redressait, trouvait le remède, et arrivait à donner à chacune sa belle écriture à elle, si magistrale, si virile, qu'on l'eût reconnue entre mille.

A elle seule. cette écriture si nette peignait l'intelligence claire et précise de la jeune maîtresse.

Et cette intelligence, qui savait se rendre accessible et répandre de l'attrait sur tous les sujets, s'accompagnait d'un charme prenant. Aussi les élèves se passionnaient-elles pour l'école. Elles y venaient avec empressement ; elles s'y montraient dociles, affectueuses, et les études étaient florissantes.

Les deux amies usaient de leur réel ascendant sur leurs anciennes élèves, devenues de grandes jeunes filles, pour les réunir le dimanche après les Offices. Clarisse s'occupait de chacune en particulier. Que de sollicitude pour les guider toutes dans la voie droite ! Elle s'ingéniait à les distraire, et toute cette jeunesse, conquise par sa bonté aimable, ne cherchait pas au dehors les distractions souvent dangereuses qui mènent à d'amers regrets...

Son initiative privée devançait ainsi bien longtemps à l'avance les *Sociétés amicales d'anciennes élèves*, écloses depuis ces dernières années.

Le soir venu, Mlle Juranville et son amie traversaient le parc et gagnaient le beau château féodal de La Bussière où leur couvert était toujours mis le dimanche. Outre qu'elles étaient le trait d'union tout indiqué entre la population scolaire et les châtelains, on vénérait l'une, Mlle Vieugué, qu'on avait connue tout enfant, et dont la haute valeur morale était appréciée par tous ; on accueillait l'autre avec une distinction flatteuse. Pas de fêtes sans elle : son humeur conciliante et agréable, son spirituel entrain, créaient un courant de sympathie dans les réunions de famille. Quelle chose piquante que cette opposition entre le fond de sa nature si solide, si sérieux, et son caractère si enjoué! Elles arrivaient donc : Mlle Vieugué, sereine; Clarisse, pétillante d'esprit; toutes deux dans un parfait accord constant. Les saillies, les reparties partaient comme des fusées. C'était un feu roulant à table dans la grande salle à manger du château.

Un jour, Clarisse narrait une histoire qui tenait tout le monde attentif... Allait-elle faire une légère médisance? Peut-être, car Mlle Vieugué, — la sainte! — lui touche le pied sous la table. Clarisse s'arrête net.

— Eh bien, Mlle Clarisse, la suite? fait-on.

— Mlle Vieugué me touche le pied! répond-elle d'un air mutin.

— Oh! l'enfant terrible... murmure Mlle Vieugué embarrassée.

Et tout le monde de rire en exigeant la fin de l'histoire.

Le lendemain, reprise invariable des travaux, coupés

seulement par des actes d'obligeance : c'est l'instituteur, longtemps empêché de remplir tout son emploi de secrétaire de mairie, que Clarisse remplace bénévolement en dressant pour lui les actes de l'état civil : naissances et décès ; — c'est le jaugeage des bois en grume qu'elle apprend à faire afin de tirer d'embarras les gens du pays qui exploitaient des bois assez importants et ne savaient pas toujours en évaluer les coupes.

Pendant une épidémie de choléra qui sévit à La Bussière, les deux amies se montrèrent également héroïques. Elles avaient fait le sacrifice de leur vie et, sans craindre la contagion, allèrent dans toutes les familles de leurs élèves dès qu'un cas de choléra y était signalé.

Cependant, la santé de Clarisse avait été très éprouvée par le climat particulier de La Bussière, où il se trouve beaucoup d'étangs, et où des fièvres frappent ceux qui ne sont pas nés dans le pays. Elle en avait été atteinte et, pendant tout son séjour, elle eut à les combattre par de fortes doses de quinine qui lui détruisirent l'estomac. Elle était souvent martyre de migraines intenses et prolongées. Elle souffrait d'une néphrite. Les fatigues professionnelles avaient épuisé ses forces. Il fallut songer au repos. En 1860, après quinze années d'un dévouement inlassable, les deux amies, les « *demoiselles* » comme on les appelait, quittaient La Bussière, où elles étaient vénérées, chéries de tous, où elles laissaient d'impérissables souvenirs, — et elles se retiraient à Orléans (1).

---

(1) Elles devaient rester toujours en si bons rapports affectueux avec tous les membres de la famille de Chasseval, qu'en 1901 Mme Henri de Chasseval, offrant une photographie de son beau château du Muguet à Mlle Juranville, — qui y avait fait de fréquents séjours, — écrivait comme dédicace : En souvenir d'un demi-siècle d'estime, de confiance et de tendre amitié....

III. — En retraite

C'est l'époque la plus féconde de la vie de Mlle Juranville qui allait commencer.

Se reposer, c'était pour elle *travailler autrement*.

L'expérience qu'elle venait d'acquérir lui avait suggéré
bien des réflexions sur les méthodes d'enseignement, sur
les procédés pédagogiques. Ces réflexions, bien mûries,
vont être le point de départ de toute une floraison de livres
classiques.

Elle s'essaye par des articles, remarqués, sur les idées
de l'éminent économiste Le Play, et collabore avec succès
à « *l'École normale* », estimable revue scolaire de la maison
Larousse, et, plus tard, au *Manuel général de l'enseignement primaire*, de la librairie Hachette.

Toujours en contact avec les maîtres et maîtresses d'Orléans, que son caractère sympathique attirait près d'elle,
elle suit le mouvement des idées, elle voit quelles sortes
d'ouvrages peuvent rendre des services dans les classes,
elle se met à l'œuvre pour écrire, avec cette idée directrice
pour principe : « Un livre doit avoir sa *raison d'être* ; il
doit être *neuf* soit par sa conception, soit par la manière
nouvelle de présenter le sujet. »

Et elle va bien se révéler auteur *original*, en ce sens que
ses travaux auront tous une note toute *personnelle*. C'est
en 1866 qu'elle en commence la série.

A cette époque, elle a quarante ans. Elle est, semble-t-il,
dans tout le rayonnement de sa nature exquise. Pour l'an-

niversaire de sa naissance, Mlle Vieugué, par douce malice,
lui dédie l'acrostiche suivant :

> Claire, fêtons tes quarante ans,
> Les voilà donc sonnés, ma chère !
> Ah ! qu'il est loin ton doux printemps !
> Il est resté bien en arrière...
> Regrets amers, vœux superflus...
> Eh ! non, il ne reviendra plus...

Clarisse, la mine un peu déconvenue, avait le papier en
main quand survient une dame du voisinage, personne
fort bien, poétesse à ses heures. Elle sourit en lisant les
vers, dit : « Attendez, je vais vous envoyer la réplique. »
Et une heure après on apporte d'elle les vers suivants :

> Eh quoi ! vous avez quarante ans, ma chère ?
> En vous, tout est printemps, lumière,
> Esprit charmant et tendre cœur.
> O femme !
> Des ans n'avez que la splendeur,
> La flamme !

Pour ne pas rester en arrière, Mlle Vieugué répond par
un nouvel acrostiche qui, cette fois, exprime toute son
affection :

> Claire ! ce nom si doux plaît toujours à mon cœur !
> L'ange qui le reçut a fait tout mon bonheur.
> A la tendre amitié, crois-moi, reste fidèle,
> Ici-bas, les humains sont tous heureux par elle,
> Restons, restons encore et la main dans la main,
> Et le bonheur du jour sera sans lendemain.

L'amitié ! ce doux sentiment devait, par un privilège
bien rare, être goûté dans toute sa force par Mlle Juranville,
et pendant sa vie tout entière !

Cette année 1866 allait marquer pour elle l'aube d'une
affection nouvelle qui, chose à noter, fut au début une
bonne action. Un ami vénérable lui avait dit : « J'ai pour

nièce une fillette de quinze ans, encore en pension. A cet âge, on a besoin d'être un peu formée. Si vous vouliez entrer en correspondance avec ma jeune nièce, cela lui serait certainement très profitable. »

Mlle Juranville, absorbée par ses travaux, accaparée par des relations nombreuses, mais toujours si prompte à obliger, n'avait pas dit non. Elle avait écrit. On avait répondu. L'échange des lettres s'était fait régulier, suivi. Sa petite Berthe du Nord était devenue comme le bébé des deux amies. Une amitié solide se cimentait. La correspondance, commencée en 1866, devait finir en 1906, au bout de quarante ans, et seulement par la mort!

Est-il besoin de dire que les affections familiales n'étaient en rien négligées, et que Clarisse se montra toujours attentive, affectueuse, dévouée pour ses proches, et pour les parents de son amie qu'elle regardait comme siens?

En 1866, elle compose les *Dictées récréatives,* où tout est inédit : texte et méthode. Elle a soin d'expliquer dans l'avertissement que, si elle s'éloigne du chemin battu, c'est que « ces dictées ont été composées au milieu des enfants, d'après leurs demandes réitérées, qu'ils s'en sont montrés toujours très *friands,* et qu'il est bon, sinon habile, de laisser les élèves un peu juges dans leur propre cause, et de tenir un peu compte, dans une juste mesure, de leur répugnance ou de leur prédilection (1) ».

En 1867, elle donne *la Voix des fleurs,* étude gracieuse sur l'origine, le symbole, les souvenirs et légendes attachés aux plantes. Vue plus haute, — et ici, laissons la parole à l'auteur : « Nous avons transformé les fleurs en *moralistes;* nous avons voulu que sous leur aimable patronage les pensées, les maximes et les préceptes dus au

______

(1) Nous nous donnons le plaisir de citer à la fin de la notice une de ces dictées, véritable tour de force du genre, pour donner une idée de la manière de l'auteur.

génie des plus grands écrivains, et se rapportant à la vertu ou au vice dont chaque plante est l'emblème, viennent se placer tour à tour sous les yeux de nos lectrices, — et qu'ainsi, en feuilletant ces pages, elles trouvent toujours à côté de l'anecdote qui amuse ou fait sourire, du fait qui intéresse l'esprit, un conseil salutaire, une sage réflexion, une pensée morale qui élève l'âme et touche le cœur. »

En 1868, viennent ses *Premiers Sujets de style* où, la première, elle rompait avec la routine qui, jusqu'alors, proposait un sujet de rédaction à l'enfant et l'abandonnait à ses seules forces pour le traiter. « Le moyen, dit-elle, de remédier à la stérilité d'esprit et d'imagination, au laconisme si naturel à cet âge, est de raisonner le sujet avec l'enfant, de lui adresser des questions multipliées qui lui fassent envisager ce sujet sous tous ses points de vue, sous ses aspects divers, et qui le mettent à même de voir le parti qu'il en peut tirer. En un mot, il faut lui donner l'habitude de l'attention, de la réflexion, former son jugement et lui montrer comment on acquiert des idées. Avant de construire, il est indispensable de se procurer des matériaux. »

En 1869, elle cherche dans *le Style enseigné par la pratique* à « allier dans une juste mesure la mémoire et le raisonnement, de manière que ces deux facultés se prêtent un mutuel appui ».

En 1870, *le Premier Livre des petites filles* — véritable joyau classique — a un succès colossal. C'est par centaines de mille d'exemplaires qu'il se répand dans toute la France. Ses éditions sont innombrables, et il reste, aujourd'hui, encore aussi goûté qu'à son apparition.

La sombre année 1871 trouve Mlle Juranville à Vichy. Trop absorbée par les malheurs de la patrie, elle suit avec anxiété les événements et n'écrit pas.

En 1872, sous le pseudonyme C. Vieuville, elle donne

la France nouvelle, essai de réforme morale par les enfants. Dans un éloquent appel aux instituteurs français, elle s'écrie : « A nous la mission de relever le sens moral ! à nous de fortifier les âmes, de retremper les caractères et de préparer une génération de citoyens instruits, dévoués, n'ayant qu'un but : rendre le plus tôt possible à notre pays la place glorieuse qu'il occupait parmi les nations européennes ! »

En 1873, dans le *Manuel de style,* qui s'adresse aux élèves du cours moyen, elle donne les règles à suivre pour la composition.

En 1874, ses *Dictées curieuses* viennent offrir tout ce qu'on peut mettre de piquant dans l'étude fastidieuse de l'orthographe.

En 1875, la *Conjugaison enseignée par la pratique* habitue les enfants à se jouer des difficultés que présente le verbe dans notre langue.

En 1876, *les Participes en histoires* changent l'étude aride de cette partie de la grammaire en une étude toujours compréhensible et parfois agréable.

En 1877, les *Dictées amusantes* ont pour objet d'apprendre plus aux jeunes enfants en quelques mois que les règles grammaticales en plusieurs années.

En 1878, la *Petite Géographie du Loiret* est honorée du prix fondé par le major Robichon.

En 1879, *le Savoir-faire et le Savoir-vivre* conquiert d'emblée une place d'honneur parmi les livres classiques. Dans cet ouvrage, explique l'auteur, « nous initions nos lectrices au *savoir-faire,* c'est-à-dire à toutes les questions concernant l'économie domestique, cette science par excellence des femmes, et au *savoir-vivre,* c'est-à-dire aux qualités qui font le bonheur dans le ménage et le charme des relations sociales.

Entre temps, Mlle Juranville se délassait par des livres *d'agrément,* pourrait-on dire, et publiait comme ouvrages pour distributions de prix (1) : *la Bonne petite Nini* ou le *Modèle de tous les bébés; le Patriotisme de nos jours* ou *Enfants, voici vos modèles; l'Héroïsme contemporain; Promenades curieuses et amusantes au beau pays des fleurs; Histoire des marins célèbres; les Vieux Guerriers; Voyage au pays des Merveilles; Curiosités de notre histoire nationale.*

Elle se proposait plus tard de publier pour les jeunes filles une collection de mémoires des femmes célèbres. Par suite de circonstances indépendantes de sa volonté, elle ne donna que les mémoires de la duchesse d'Abrantès, les mémoires d'Hudson Lowe, etc.

Revenons à ses publications classiques, — le grand labeur de sa vie.

En 1883, dans le *Manuel d'éducation morale,* elle veut inspirer aux élèves « l'amour du devoir, et développer en elles les qualités, les vertus, les sentiments qui contribueront à leur bonheur et les rendront dignes de la mission qu'elles auront à remplir un jour dans la société ».

1883 ne devait pas finir sans frapper douloureusement Mlle Juranville au cœur. Au mois d'octobre, Mlle Vieugué, la compagne de sa vie, lui était enlevée par la mort. Ce fut un coup terrible... Quand elle fut un peu calmée, elle alla chez ses « amis du Nord », ainsi qu'elle appelait la famille de sa chère Berthe, devenue épouse et mère. Là, pendant un séjour de plusieurs mois, entourée de sollicitude et de tendre affection, elle put enfin surmonter sa douleur.

En 1887, elle se remettait à écrire et, par reconnaissance, dédiait aux charmantes fillettes de son amie, Mlles Berthe et Geneviève Soinne, *le Deuxième Livre des petites filles,* qui fut bientôt dans toutes les mains des enfants.

______

1) Chez Bardou, à Limoges.

Mlle Juranville était déjà en possession d'une telle notoriété que, l'année précédente, dès la création du Conseil départemental, elle avait été élue à l'unanimité pour y représenter l'enseignement libre.

A l'unanimité encore, elle fut dans la suite constamment réélue et ne quitta le Conseil que vers la fin de sa vie.

Elle s'y montra toujours l'ardente avocate des intérêts dont elle avait la charge. Que de services rendus aux unes et aux autres en maintes occasions ! Comme elle était infatigable dans ses démarches pour toutes !

Sur les questions générales qui divisaient parfois le Conseil, elle montrait une netteté d'esprit propre à solutionner le débat. Très écoutée, même de ses contradicteurs, tant le charme de son esprit était grand, elle eut souvent la joie de voir accepter ses vues libérales et justes.

En 1889, nouvel élément dans sa vie. Elle veut profiter d'un passage dans la capitale pour parler enseignement avec une institutrice de Paris et va voir Mme Pauline Berger. Elle revient à l'école plusieurs fois, non plus pour se documenter, mais par plaisir. La sympathie est née, s'affirme, se transforme de part et d'autre en une profonde affection. Mlle Juranville a trouvé tout à la fois une amie qui lui fera oublier les tristesses de l'âge, une collaboratrice pour ses prochains travaux. Elles confondront si bien leur manière d'écrire, de penser, qu'il deviendra difficile, même à ceux qui les connaissent bien toutes deux, d'attribuer telle page de leurs livres à l'une plutôt qu'à l'autre. Désormais, et jusqu'à la fin, elles travailleront en commun aux livres qui vont paraître. Désormais, les séjours à Paris se prolongeront, et la capitale deviendra aussi chère à Mlle Juranville que sa *bonne ville d'Orléans.*

En 1891, les deux amies donnent *le Troisième Livre des jeunes filles,* intéressant tour de France qui fait ressortir de manière attrayante tout ce qui concerne spécialement la femme.

Ce livre de lecture, très attendu, devait dès son apparition jouir d'une vogue qui s'est continuée depuis. C'est que Mlle Juranville pouvait dire avec raison : « Nous nous plaçons à un point de vue tout nouveau, en donnant une large part aux monographies, aux industries, aux branches de commerce qui intéressent particulièrement les femmes et se rapportent plus ou moins directement à l'économie domestique.

« A côté des hommes illustres, nous mentionnons avec soin toutes nos gloires féminines ; nous mettons en scène deux jeunes filles — presque des enfants ; et nous prouvons, par leur exemple, qu'avec de l'énergie, du travail, l'amour du devoir, on peut triompher de tous les obstacles, surmonter les épreuves, vaincre les difficultés de la vie. »

En 1893, *les Neveux du capitaine Francœur*, autre livre de lecture, offrent un tour du monde curieux, sous la forme d'un petit roman au ton alerte, enjoué, humoristique, d'un tour très intéressant. La préface disait aux jeunes lecteurs et lectrices : « Laissez-vous embarquer sur le trois-mâts le *Saint-Marc*, pour une longue excursion... autour du monde !

« N'ayez aucune crainte, vous ne vous ennuierez pas : des distractions, des surprises de tout genre vous y attendent. On ne parcourt pas des mille et des mille lieues sans qu'il survienne de nombreuses péripéties, de palpitantes aventures. Chaque jour, des points de vue nouveaux se déroulent à vos regards éblouis ; vous serez les témoins émus des splendeurs qu'offre la mer et aussi de ses fureurs épouvantables ; vous étudierez les mœurs et coutumes des peuples, leurs usages singuliers ; vous connaîtrez les productions variées des divers pays ; vous verrez les animaux qui peuplent les contrées lointaines, — si différents des nôtres !...

« Alerte, mes amis. Le *Saint-Marc* vous attend au port,

il est appareillé. Le vent siffle dans les cordages, la mâture
frémit, les vagues bondissent contre le bord, on va lever
l'ancre...

« Partez ! adieu et bon voyage. »

Cette note, toute nouvelle, marquait un rajeunissement
de la manière d'être qui fut fort goûtée du jeune public.

En 1894, *la Civilité des petites filles* donne, sous forme
d'historiettes, des conseils pratiques sur la politesse et les
convenances. « Nous voulons, disent les auteurs, que toutes
les petites filles, même les plus pauvres, puissent se présenter partout avec aisance, ne soient embarrassées nulle
part, aient de bonnes manières, un bon maintien, un air
comme il faut... »

Par exception, Mlle Juranville écrivait seule en cette
année de 1894 *Jeanne d'Arc racontée aux jeunes filles*, et
payait ainsi son tribut d'Orléanaise à la libératrice de la
France.

En janvier 1898, les palmes d'officier d'Académie cou-
ronnaient ces bons et nombreux travaux.

En janvier 1899, le *Bagage scientifique de la jeune fille*
venait vulgariser, sous forme de lectures et de causeries,
tout ce qu'il est indispensable à une jeune fille de savoir
pour pouvoir « parler d'une manière exacte sur mille
choses utiles, pratiques, usuelles, se rendre compte des
phénomènes de la nature, connaître l'origine des objets
qui sont continuellement sous nos yeux, ainsi que les procédés ingénieux employés dans l'industrie, les travaux
que nécessitent notre nourriture, nos habits, nos loge-
ments, constater les progrès en tous genres accomplis au
prix d'efforts persévérants, et aussi les découvertes mer-
veilleuses qui ont amené notre société au degré de civili-
sation où nous la voyons de nos jours ».

En 1902, le *Bagage littéraire de la jeune fille* offrait
une anthologie dans laquelle chaque morceau, choisi avec

un soin scrupuleux, était analysé et commenté. Les mêmes sujets, traités par des auteurs différents, étaient groupés de manière à faire ressortir les contrastes et aussi le génie propre à chaque écrivain. « La comparaison qui s'en dégage, expliquaient les auteurs, présente un vif intérêt, offre des surprises à l'esprit, exerce et forme le goût. »

Enfin, en 1904, le *Trésor moral de l'écolier* présentait en une sorte de petit code moral, fait de maximes, tout ce que la sagesse a suggéré pour la pratique du devoir et la formation du sens moral.

Nous bornerons là l'énumération des ouvrages. Des matériaux étaient préparés, des notes recueillies, des projets à l'étude pour des œuvres nouvelles. Mlle Juranville, infatigable, l'esprit toujours en éveil pour les questions d'enseignement, devait jusqu'au bout se passionner au travail.

Presque jusqu'au bout aussi, elle avait été membre très actif des commissions d'examen où sa bonté proverbiale était un puissant réconfort pour les jeunes aspirantes.

Elle était devenue une notabilité orléanaise, à ce point que l'éminent astronome Flammarion, de passage à Orléans, désira la connaître. Il vint la voir en son logis de l'avenue Dauphine, et, deux heures durant, resta sous le charme de sa conversation.

Si la considération générale s'attachait à son nom et l'estime publique à son beau caractère, de chaudes sympathies allaient à sa personne aimable. Comment ne pas citer entre toutes Mlles Grattepetit et Méchein qui furent pour elle une société d'élite qu'elle prisait infiniment, et à juste titre !

Sa santé qui, contre l'ordinaire, s'était affermie avec l'âge, reçut un premier choc en décembre 1905. Elle eut une petite fluxion de poitrine, dont elle triompha, et quitta Paris bien remise en fin février 1906. Moins d'un mois après son retour à Orléans, elle devenait languissante, s'affaiblissait de plus en plus.

A Pâques, sur le conseil de la Faculté, elle partait pour Mardié, son pays natal. On espérait beaucoup du grand air et du beau temps. Les espérances furent déçues. Il fallut se rendre à l'évidence : le mal qui devait l'emporter faisait de rapides progrès. Elle ne s'y trompa pas et se prépara vaillamment et chrétiennement à la mort. Ses sentiments religieux si profonds l'aidèrent dans ce dur passage du temps à l'éternité. En pleine connaissance, elle demanda les consolations de la religion et reçut avec ferveur et piété les derniers sacrements.

Le 12 mai, elle étonnait encore ses amies, Mme Berger, Mlles Méchein et Grattepetit, par l'élévation de ses pensées, la sagesse clairvoyante de ses conseils. Puis, il ne lui resta plus que la force de souffrir et de se résigner. Pas une plainte ne sortit de ses lèvres. Quand une douleur par trop aiguë l'assaillait : « Mon Dieu, que votre volonté soit faite ! » murmurait-elle.

Le mercredi 16 mai, au matin, le froid mortel l'envahissait peu à peu. Le pieux ecclésiastique qui l'avait assistée avec tant de dévouement était là. Elle se redressa légèrement et murmura légèrement : « *Je m'en vais.* — Courage ! lui dit le bon prêtre, c'est la récompense, c'est la couronne, c'est le ciel ! » Elle tourna la tête, cherchant le ciel qu'elle fixa d'un long regard bleu, d'une intensité d'attente inoubliable, et dans ce regard son âme s'envola !...

Une belle vie comme la sienne méritait cette mort admirable.

Ses funérailles furent un triomphe. Non seulement d'Orléans, mais de Paris, tous ceux qui l'aimaient accoururent. Ses éditeurs, qu'une affectueuse estime unissait à elle depuis un demi-siècle, déléguèrent l'un d'eux pour les représenter. L'église fut trop petite pour contenir la foule sympathique. Ceux qui n'avaient pu l'accompagner à sa dernière demeure écrivirent. On ferait un volume de toutes les lettres arrivant à sa collaboratrice et amie pour faire l'éloge de la chère disparue et dire l'admiration, l'affectueux respect qu'elle avait inspirés à tous. Les journaux, les revues scolaires lui consacraient des articles nécrologiques. La Société de secours mutuels des instituteurs et institutrices du Loiret, dont elle avait été la bienfaitrice, lui envoyait l'hommage de ses regrets et de sa reconnaissance. Surtout, et c'est par là que nous terminerons, on lisait au prône à Mardié, le dimanche suivant, cette lettre émue du vénéré pasteur de Paris qui avait bien connu Mlle Juranville et n'avait pu assister à ses funérailles :

Le 17 mai 1906.

MONSIEUR LE CURÉ,

Je suis absolument désolé de ne pouvoir assister aux obsèques de la digne *chrétienne* et *Française* que nous venons de perdre.

Jugez vous-même : aujourd'hui nos premières communions, demain vendredi, confirmation par notre nouveau coadjuteur, à 4 heures. — Samedi, messe d'action de grâces avec mes *novissima verba* aux enfants et aux parents, et enfin les visites des uns et des autres au presbytère. Je ne parle pas de la fatigue.

Si j'avais eu l'honneur de parler à ses funérailles, je n'aurais pas hésité à lui appliquer ces belles paroles de l'Apocalypse : « Bienheureux sont ceux qui meurent dans le Seigneur, car ils vont se reposer de leurs travaux et leurs bonnes œuvres les suivent ! » ou encore cette autre parole qui résumerait bien sa vie : « Elle a passé en faisant le bien, *transiit benefaciendo*. »

Je n'aurais pas manqué d'ajouter que si ses bonnes œuvres l'ont suivie pour lui composer comme autant de fleurons à sa couronne du ciel, ces mêmes œuvres (je veux surtout parler de ses excellents ouvrages en matière d'enseignement) perpétueront sa chère mémoire sur la terre et y continueront surtout le bien qu'elle faisait à tant d'intelligences, à tant de cœurs d'enfants qui avaient la bonne fortune de puiser à des sources aussi saines et aussi pures.

J'aurais grand désir, si Dieu et les circonstances le permettent, *in tempore opportuno*, pour me consoler de ne pouvoir assister aux obsèques de la chère et vénérée défunte, de venir un jour à Mardié célébrer une messe pour elle et aller ensuite m'agenouiller sur cette tombe où elle va dormir son dernier sommeil en attendant la bienheureuse résurrection.

Agréez, cher Monsieur le Curé, mes sentiments bien dévoués en N.-S.

F. GUÉNEAU, curé de Saint-Nicolas, chanoine honoraire.

P.-S. — Je vous écris ces pages à la hâte, au milieu des grands labeurs de nos premières communions, et je vous prie au besoin de vous faire autour de vous l'écho de tous mes regrets.

Encore une fois je suis absolument au regret ; il m'eût été très doux de dire à l'assistance la grande dette de reconnaissance contractée par votre chère paroisse, par la ville d'Orléans, par tout votre diocèse, et même par toute la France, envers Mlle Juranville pour tout le bien qu'elle a fait pendant sa longue et si féconde carrière. Quel esprit distingué ! Quel noble cœur si ouvert, si dévoué aux grandes causes ! Quelle bonté, quelle affabilité pour tous ! et surtout quelle âme profondément chrétienne ! C'est une consolation pour vous, cher Monsieur le Curé, d'avoir pu être le témoin d'une mort si édifiante, couronnant une si belle vie !

EXTRAITS

Correspondance de Mlle Juranville

A Mademoiselle C... qui, nommée directrice d'École normale, n'avait pu lui écrire comme à l'habitude par suite de sa nomination toute nouvelle.

MADAME LA DIRECTRICE,

Nous avions autrefois une amie à Saint-Hilaire-Saint-Mesmin, on l'appelait *Mlle C...* ; pourriez-vous nous donner de ses nouvelles ? Qu'est-elle devenue ? On nous a dit qu'elle avait passé brillamment des examens et que depuis ce jour elle n'avait plus de souvenance et de cœur (est-ce vrai ?). Chimène, qui l'eût dit ! Nous attendons de minute en minute une lettre promise. Que dis-je une lettre ! deux, trois... et comme sœur Anne nous ne voyons rien venir.

Elle si gentille, si confiante, si affectueuse il y a peu de temps encore, la voir changée à ce point, c'est à désespérer de la nature humaine !

Soyez assez bonne, Madame la Directrice, pour nous tirer d'embarras et nous apprendre où est et ce que fait notre ancienne amie.

Jeudi dernier nous l'avons attendue jusqu'à 1 heure ; croyant alors qu'elle ne viendrait pas, nous sommes allées nous promener sur le Loiret — petite rivière qu'on pourrait appeler le *Léthé* pour Mlle C..., car elle boit à longs traits des eaux de ce fleuve.

Nous vous assurons, Madame, de nos meilleurs sentiments.

VIEUVILLE.

A Mlle C...

Il était temps ! ma carte allait partir. Pourriez-vous m'expliquer, ma petite amie, pourquoi, au milieu de *milliers de cartes* et de *centaines de lettres*, j'étais si agacée de n'avoir pas un mot de vous ? Je suis colère quand je pense à vous si souvent et je m'en veux de vous donner une si grande place dans le côté gauche de ma personne, — si le cœur est toujours à gauche et si l'on n'a pas changé tout cela, comme dit je ne sais plus qui.

Quoi qu'il en soit, ce qui existe existe, et doit vous rendre fière, petite enfant, car nous passons pour savoir choisir admirablement nos amis, — nous n'avons pas de médiocrités dans le cercle que nous avons formé, pas d'*âmes vulgaires*, — et quand, pour la première fois, j'ai vu les yeux vifs et doux de ma *pas bête*, je me suis dit : En voilà une que je vais prendre, et je l'ai prise, cette lettre en est la preuve.

Ah ! c'est moi qui ai sonné... le sermon, c'est-à-dire la direction de l'École normale ! Tant mieux si c'est pour votre bonheur, — je l'espère, — et puis il me semble que des femmes comme vous sont faites pour rendre de grands services à la religion, à la société dans les jours que nous traversons.

J'avais presque l'espérance de vous apercevoir au premier de l'an. Je ne veux pas rechercher, petite amie, si vous auriez pu retrancher à droite pour donner un peu à gauche ; pourtant je veux vous dire, une fois pour toutes, que la famille ne doit pas vous absorber tellement que vous négligiez les devoirs impérieux de l'amitié, — laquelle a bien ses charmes ! Allons, je vous quitte pour aller m'occuper de mon prochain ; mon amie prétend que mon bon ange doit être las de me suivre depuis un mois, et de compter les pas que je fais pour rendre service. Je vous embrasse, chère petite enfant, de tout mon cœur ; travaillez ; mais ne vous fatiguez pas ; écrivez-nous le plus que vous pourrez. Soyez toujours bien gentille.

Souvenir affectueux à votre mère.

A Mlles S... (4 et 6 ans).

C'est bien aimable à vous, mignonnes, de me donner de vos nouvelles. Je constate avec plaisir que vous faites des progrès en écriture. Vous vous souvenez donc de l'Orléanaise? Quant à moi, je pense souvent à vous, mes chers bébés, et je ne saurais vous oublier. J'aime à croire que vous êtes très sages, que vous ne vous taquinez plus, et que vos bons parents n'ont jamais à vous punir.

Vous savez, mes bébés, les conventions établies : vous me direz le nombre de vos points, et c'est moi qui enverrai la récompense.

Attention, petite Berthe, sois plus calme, moins vive ; ne jette plus tes jouets contre les portes ; surtout, ne frappe plus ta sœur... Et toi, Geneviève, lorsque papa t'appelle, viens de suite, fais voir que tu es obéissante... Vous êtes si gentilles, mes mignonnes, que je voudrais vous rendre parfaites, afin que vos chers parents soient heureux par vous.

Allons, venez que je vous embrasse ; pour cela, montez donc sur les genoux de Misclar (1); là, vous y voilà. Écoutez tout bas... Vous direz à maman que je l'aime...; c'est compris, n'est-ce pas, mes chéries?

1882. — A Mlle C...

CHÈRE MADEMOISELLE,

Une lettre de faire part a dû vous apprendre la mort de ma bien-aimée mère; je me réservais de vous écrire aussitôt que je le pourrais et ce n'est qu'aujourd'hui seulement que j'ai une minute de liberté. Il a fallu s'occuper des affaires matérielles quand le cœur aurait tant besoin d'être tout entier à sa douleur. Oh ! chère Mademoiselle, priez Dieu qu'il vous conserve longtemps votre bonne mère ; vous ne pouvez vous imaginer le vide cruel que la mort d'une mère laisse dans le cœur de son enfant! Je ne puis me figurer que je ne verrai plus *celle* qui ne vivait que pour moi (2) ou plutôt *pour ses deux petites filles* (3), comme elle se plaisait à le dire. Sa mort a été celle d'une sainte ; elle a reçu les derniers sacrements sans crainte, sans faiblesse et avec la sérénité d'une vraie chrétienne. Nous avons reçu ses derniers embrassements, son dernier soupir, et

---

(1) Nom d'amitié donné à Mlle Juranville dans la famille S...
(2) Les autres enfants de Mme Juranville étaient morts.
(3) Mesdemoiselles Vieugué et Juranville.

maintenant il ne nous reste plus que l'espérance d'aller la rejoindre dans le sein de Dieu. Là, les séparations ne sont plus à craindre.

Nous vous embrassons affectueusement ainsi que Mme C...

Cl...

Je suis toujours bien souffrante.

1883. — A Mme C...

Madame et Amie,

Je suis bien malheureuse ! Mon amie chérie, ma compagne bien-aimée n'est plus ! Dieu l'a rappelée à Lui le 29 octobre. Ma vie est brisée puisque celle qui a fait tout mon bonheur ici-bas m'a quittée. Apprenez ce malheur à votre chère fille et toutes deux priez pour mon amie et pour moi.

Clarisse.

29 octobre. — A Mme S...

Le sacrifice est consommé. Mon doux Angélo (1), mon amie bien-aimée est retournée à Dieu, cette nuit à 2 heures. Elle est morte dans mes bras, sans agonie, j'ai reçu son dernier soupir. Malgré ma douleur, j'ai pu suffire à tout. Je reste dans la chambre, me demandant si ce n'est pas un rêve, si vraiment mon amie m'a quittée.....

Le service a lieu demain ; je ne vous appelle pas, ma Berthe, parce que je ne veux aucun allègement à ma douleur. Je connais votre cœur, vous me comprendrez.

1884, mai. — A Mme S... (Après la mort du frère et de Mlle Vieugué).

Je suis à Mardié ; j'ai toujours le même horizon sous les yeux ; la même maison, le même jardin, le même ciel au-dessus de ma tête... tout cela n'a plus le même charme. Le deuil qui enveloppe mon

---

(1) Angélo, nom d'amitié donné dans l'intimité à Mlle Vieugué pour sa sérénité et sa douceur.

cœur rejaillit sur tout ! Dans ce pays où s'est passée mon enfance. au milieu des souvenirs de mes parents qui m'aimaient tant, je n'ai pas une heure de calme et d'apaisement. Toujours cette tristesse poignante que je ne puis vaincre….. Nous ne sommes vraiment pas maîtres de nos impressions — nous les subissons. Voilà le premier coup de la messe pour mon frère qui sonne. Que de fois déjà cette cloche retentissante s'est fait entendre pour annoncer que quelqu'un des miens avait quitté la terre. Je me dis qu'un jour, sans doute, elle sonnera pour moi. *Il me serait consolant de mourir ici, dans cette maison familiale.*

1886, août. (Château de La Bussière.) — A Mme S…

Ma chambre donne sur la pièce d'eau. En ce moment, je vois les cygnes et les canards la sillonner en tous sens. Ils laissent après eux deux petites rides qui bientôt disparaissent. Ainsi en est-il de notre vie…

Qui donc, au bout de quelques jours, s'occupe de la trace de nos pas… *« heureux si nous laissons un souvenir dans un cœur fidèle ».*

.   .   .   .

Plus j'avance dans la vie, et plus je vois que le cœur seul peut l'embellir et la remplir. Sans les satisfactions de chaque instant qu'il donne, l'existence ne vaut absolument rien — excepté ce qu'on fait pour Dieu — puisqu'il faut toujours y revenir.

1906. (Un mois environ avant la mort.) — A Mlle C…

MA CHÈRE PAS BÉTE,

Il paraît que j'ai offert une délicieuse veste, bordée de rose, à Mlle Yvonne Berger; elle a comblé père et mère de joie et aussi la donatrice (moi!). Dame, puisque vous êtes mon amie, il faut que j'en récolte le bénéfice; ce n'est pas à une enfant que vous ne connaissez pas que vous tenez à être agréable : *c'est à moi* et c'est assez. Merci donc de tout cœur en attendant que je le fasse de vive voix. Je suis toujours très souffrante, tout *l'intérieur* est d'une susceptibilité extrême et mon estomac fonctionne horriblement mal, — c'est la vieuxture qui en est la cause ; cela fait penser au terrible passage.

Je pense souvent à vous, je vous aime et je vous embrasse.

C...

Dites donc, amie, est-ce que vous nous croyez loin d'un cataclysme, d'une révolution sociale, de la guerre civile ? Sans être près du Vésuve, nous sommes sur un volcan. Que va nous amener le 1er mai ? Mon amie (1), qui travaille en ce moment près de moi, veut m'emmener à Paris, cette fournaise, cette Babylone — et où je me plais quand même. — J'irai avec elle ou je la suivrai de près, avant le 1er en tout cas (2).

Il paraît que vous travaillez trop, c'est imprudent. Une machine ne doit pas toujours être sous pression. Ce soir, temps de vendredi saint, sombre, triste, heureusement que j'ai près de moi mon rayon de soleil parisien. Sans cela, je serais découragée, ne tenant plus à rien.

A bientôt le plaisir de vous voir et de causer avec vous, ma pas bête.

Dictées récréatives

Mots terminés en ent, an, ant, etc. (3).

Drôlerie orthographique

Mademoiselle Juranville s'était proposé de faire entrer dans une dictée le plus grand nombre des mots terminés par le son *an*. — Quelques-unes de ses trouvailles sont tout à fait piquantes.

---

(1) Madame Berger.
(2) Mademoiselle Juranville ne devait plus quitter Mardié...
(3) Le son *an* peut s'écrire de trente-sept manières différentes, dit Volney.

I

Habitants d'Orléans,

C'est avec l'*agrément* des autorités de ce *département*, que, *cédant* aux prières et à l'*ascendant* de mon ami, M. *Jean,* le premier *président*, que l'on voit *souvent présidant* les assises où se jugent les *brigands*, j'ai bien voulu déranger mon *plan* de voyage, retarder mon départ d'un tour de *cadran* et vous consacrer quelques *instants*. Mon nom ne vous est pas inconnu *certainement* : je suis l'illustre, le *grand Armand-Gaëtan-Tristan-Coriolan*, de *Mont-de-Marsan*, le *savant*, l'homme *bienfaisant*, de *dévouement* et de *talent*, qui, sur son passage, excite un universel *engouement*, et ne craint aucun *concurrent ;* en *parlant* ainsi, je ne suis que modeste et *franc*. Ne me confondez pas, je vous prie, avec ces *charlatans*, espèces de *fainéants insinuants*, *briguant* vos *applaudissements*, qui font les *pimpants*, les *sémillants* et les *élégants* dans leur *char à bancs ;* de vrais *pédants*, qui n'ont que du *clinquant*. Oui, *vraiment*, au fond, que sont ces *gens* ? Ce sont des *intrigants*, des *ignorants*, des *manants*, des *forbans* et des *chenapans*, la plupart en rupture de *ban*, qui vous tendent un véritable *guet-apens*, et qui, *gaiement*, empochent votre *argent*, et rient *effrontément* à vos *dépens ;* c'est *affligeant*. Moi, messieurs, j'agis *différemment*, je ne veux pas d'*argent*, je ne *vends* pas mes *médicaments*, je les donne *généreusement*, je soulage les corps *souffrants*, et cela sans *émoluments*. Il est *temps* à *présent* que je vous fasse connaître mes *antécédents :* j'ai visité l'*Orient* et l'*Occident*, l'ancien et le nouveau *continent*, j'ai traversé plusieurs fois l'*Océan*, j'ai défié le *vent* et les *autans* pour aller dans l'*Indoustan* et les pays *adjacents*. Le saint père m'a reçu au *Vatican*, il m'a recommandé très *vivement* d'être un chrétien *fervent ;* je reçus ses avis avec *attendrissement* et *recueillement*. J'ai vu le *Persan* à l'œil *perçant*, j'ai mis sur ma tête le *turban* du *musulman*. Le *mahométan Soliman* m'a expliqué le *Coran*, de même que cet homme *vaillant* m'a fait *présent* d'un *écran* garni de *diamants*, après l'avoir gagné au *brelan*. Plus d'un *tyran* m'a reçu dans son *camp*, assis sur un *divan*. Le *han* d'Islande, un vrai *géant*, d'un naturel *obligeant*, m'a offert un cheval *alezan*, très *fringant*, et de plus cinq *cents* paires de *gants venant* d'*Ispahan ;* par *conséquent*, j'en aurai pour *longtemps*. J'ai visité *Laon*, *Milan*, *Gand*, *Fécamp*, *Louhans*, *Rouen*, *Perpignan*, *Montauban* et la patrie de *Rembrandt ;* j'ai même là plus de mille *clients* ou *chalands*. *Dernièrement*, au *printemps*, j'ai rappelé à la vie l'*excellent* don *Fernand*, l'*infant* d'Espagne, et lui ai arraché trente-trois *dents* sans douleur, fait sans *précédent ;* ne croyez pas que je *mens !* Dans leur reconnaissance, ses *courtisans* et ses *partisans* m'auraient presque offert de l'*encens*. Que vous dirai-je en *terminant ?* c'est que plus d'un fin *Normand*, plus d'un *Flamand*, plus d'un *Allemand*, plus d'un fier *Castillan* me doivent la vie *assurément*. Mais, me direz-vous, de quoi se compose donc votre précieux *onguent ?* C'est ce que je vais avoir l'honneur de vous expliquer *clairement* et *brièvement* dans un *instant*.

11

Messieurs, pour composer mon *orviétan*, il faut d'abord de la graisse d'*éléphant* et de la cervelle d'*orang-outang*, prise le plus près possible du *tympan*. A cela il est *urgent* de mêler de la chair de *chat-huant*, l'œil gauche d'un *serpent*, l'extrémité de la queue d'un *paon*, un petit *ossement* d'un *cerf-volant* et la langue d'un *cormoran* tué, non dans un *champ*, mais au-dessus d'un *étang*. Le tout, *préalablement*, doit bouillir dans une infusion de *safran*, de *chiendent* et d'*origan*, à laquelle on mêle du *sang fumant* de *merlan*, de *flamant*, de *pélican*, de *faisan* et d'*ortolan*, ce régal du *gourmand*. Il faut même y ajouter deux onces de *tan*, un peu de laitance de *hareng blanc*, un soupçon de *parmesan*, un milligramme de *gland*, puis mille cent quatre-vingt-dix-huit autres *ingrédients* dont l'énumération ne serait pas pour vous *précisément* quelque chose d'*amusant* ni de *divertissant*.

Mais, me direz-vous encore, à quoi cet *onguent* est-il bon ? A cela je réponds *promptement :*

Si vous avez un *violent* mal de *dents* (qui en est *exempt ?*), prenez de cet *onguent*, et à l'instant, comme par *enchantement*, votre douleur cessera *infailliblement ;*

Si vous êtes sujet aux *évanouissements*, aux *étouffements*, aux *enchifrènements*, prenez de mon *onguent*, c'est tout à la fois un *puissant astringent*, un *émollient*, un *excitant*, un *calmant*, un *fortifiant* et un *dissolvant ;*

Si vous avez des *crachements* de *sang*, des *vomissements*, des *enrouements*, des douleurs dans le *flanc*, des plaies faites avec un *instrument tranchant* ou *contondant*, vite recourez à mon *onguent.*

D'ailleurs, dans les *empoisonnements*, les *accidents*, toutes les maladies sans exception, ne prenez que ce *médicament*. C'est un véritable *talisman*, il n'est jamais *malfaisant*, est *appétissant* et n'a aucun *inconvénient ; quant* aux *fanfans*, c'est pour eux du *nanan ;* s'il ne vous fait pas de bien, il ne vous fera pas de mal très *certainement*. Il convient en tous *temps* et pour tous les *tempéraments ;* ne faites pas les *récalcitrants*. Allons vite, approchez-vous : le *paysan*, l'*indigent*, le *mendiant*, l'*artisan*, le pauvre *vétéran*, seront tout aussi bien reçus que l'*étudiant*, le *marchand*, le *commerçant* et le *négociant ;* ici il n'y a pas de condition ni de *rang*, je n'ai plus qu'un *moment* et que quelques paquets *seulement ;* je ne vous les vendrai pas un prix *exorbitant*, ce ne sera pas *cent francs*, cinquante *francs*, vingt *francs*, ni même dix *francs*, c'est pour rien *réellement*, un *franc seulement*, entendez-vous ? un *franc ! ! !* Allons, de l'élan, de l'*entraînement*, bons *habitants d'Orléans...* Vous autres, un *roulement*, *ran tan plan*, la grosse caisse en *avant !*

Terminons cette dictée par une anecdote qui trouvera bien sa place *céans*.

Le général *Decaen*, lorsqu'il n'était encore qu'aide de *camp* de son frère, fut arrêté par la gendarmerie en se *rendant* à l'armée.

— *Comment* vous nommez-vous ? lui demanda le brigadier *Bertrand*.

— *Decaen.*
— D'où êtes-vous ?
— De *Caen.*
— Qu'êtes-vous ?
— *Aide de camp.*
— De qui ?
— Du général *Decaen.*
— Où allez-vous ?
— Au *camp.*

— Oh ! oh ! dit le brigadier, qui n'aimait pas les calembours, il y a trop de *cancans* dans votre affaire ; vous allez passer la nuit au violon sur un lit de *camp.*

Voyage au pays des Merveilles [1]

COMMENT ON PEUT SE PROCURER UN LOGEMENT A BON COMPTE.

Il me faut, à l'état de larve, une nourriture abondante et substantielle, une chair tendre et savoureuse. J'ai besoin aussi d'une demeure commode, spacieuse et pouvant défier les autans, une maison *de pierres,* en un mot. Comment pensez-vous, lecteurs, que je puisse me procurer ces deux choses si utiles à mon existence, n'ayant pas l'honneur d'appartenir aux corps si respectables des bouchers et des maçons. Le moyen est simple, ingénieux, mais fort peu délicat, comme vous allez vous en convaincre en lisant mon histoire.

Lorsque je rencontre, le long des haies ou sous les feuilles sèches, un joli limaçon jaune, à bandes noires, appelé l'*hélice némorale,* je m'approche de lui, je grimpe sur sa coquille, et par un

---

(1) Marc Barbou, éditeur. Limoges.

procédé à moi connu et sans le secours d'aucune machine de physique, je fais le vide et je m'attache solidement à l'endroit choisi. Je me tiens en tapinois et j'attends le moment favorable pour agir, comme le chat qui guette la souris. Quand le mollusque se décide à sortir de sa maison, je m'approche avec précaution, je me colle à son corps, je fais en sorte de ne pas le blesser, de le gêner le moins possible, et, lorsqu'il rentre dans sa demeure, je rentre avec lui. Il ne se doute pas, le malheureux, qu'il introduit ainsi une espèce de cheval de Troie dans la place, qu'il enferme le loup dans la bergerie ! Une fois maître de la position, mes allures changent et je mets masque bas. J'enfonce mes dents dans le flanc de ma victime et je lui fais des blessures cruelles qui occasionnent bientôt sa mort ; je me repais de son cadavre, et, au bout de dix à douze jours, il ne reste plus vestige de ce qui fut... un limaçon !

Si alors le moment de ma transformation est arrivé, je ne cherche pas une autre proie, je mets l'ordre à l'intérieur de mon habitation, je la nettoie avec soin, j'en ferme ensuite l'entrée avec une peau dont je me dépouille, et là, dans cette retraite silencieuse et solitaire, je me change en nymphe. Le printemps venu, si vous regardiez la coquille de l'infortunée hélice, au lieu d'en voir sortir les deux petites cornes que vous savez et qui se renfoncent si vite au moindre contact, vous verriez un élégant petit insecte long de six ou huit millimètres, ayant des élytres d'un gris jaunâtre, deux ailes membraneuses portant fièrement des antennes jaunes en panache, et qui gaiement, sous vos yeux, prendrait sa volée dans les airs. Cet être pervers, qui sous le masque de l'hypocrisie s'est approché un jour de sa victime, est entré chez elle par surprise, l'a dévorée, puis a habité sa maison, se nomme...

Le Drile jaunâtre
Ordre des Coléoptères.

Paris. — Imp. LAROUSSE, 17, rue Montparnasse.

www.ingramcontent.com/pod-product-compliance
Lightning Source LLC
Chambersburg PA
CBHW061338060726
47596CB00003B/1320